Lúcia Helena Galvão

CAIBALION

A Viagem da Vida

Os Sete Princípios Herméticos para Crianças

Com a colaboração de
Regina Lúcia Barros Leal da Silveira

Rio de Janeiro
2022

Adaptação de texto

Lúcia Helena Galvão e Natani Lepre Franco

Colaboração

Regina Lúcia Barros Leal da Silveira

Revisão

Gabriela Coiradas

Ilustrações e Capa

Elaine Ladeira

Diagramação

Thiago B. Valoni

Coordenação editorial

Auriel de Almeida e Thais Boulanger

Agradecimentos

Isabella Arruda – Assessora de Comunicação da Prof.ª Lúcia Helena Galvão

Kelly Aguiar – Coordenadora de Imagem e Propaganda da Nova Acrópole

Poema citado no capítulo 7

Música "Aquarela" – Composição de Vinicius De Moraes, Toquinho, Guido Morra e Maurizio Fabrizio

Grafia atualizada segundo o acordo ortográfico da língua portuguesa de 1990, que entrou em vigor no Brasil em 2009.

Dados Internacionais de Catalogação na Publicação (CIP)

G182c Galvão, Lúcia Helena

Caibalion : a viagem da vida / Lúcia Helena Galvão ; ilustrações de Elaine Ladeira. – 1. ed. –
Rio de Janeiro : Hanoi Editora, 2022.

48 p. : il., color. ; 15x23 cm

ISBN 978-85-54823-22-1

1. Hermetismo. 2. Ciências ocultas. 3. Autoajuda. 4. Educação. I. Ladeira, Elaine. II. Título.

CDD-135.4

Bibliotecária: Regina Oliveira de Almeida CRB–7/6116

[2022]

Todos os direitos desta edição reservados à

HANOI EDITORA

www.hanoieditora.com.br

contato@hanoieditora.com.br

— Olá, sou **Hermes Trismegisto** e resolvi contar minha história sobre como minha vida foi diferente. Convido você a fazer uma viagem comigo. Pegue sua mochila e vamos embarcar nessa aventura fantástica. Guarde bem seus objetos e anote tudo que vir, ouvir e encontrar. É encantador. Você vai gostar!

— Eita, vamos viajar? — pergunta Elias.

— Eu escrevi um livro que se chama CAIBALION, é um livro guia. Ele mostra um monte de dicas para você fazer uma viagem superlegal. Ao ler esse livro, você saberá o que aproveitar e qual a melhor forma de viver uma experiência, de evitar coisas perigosas, lugares e situações esquisitos. São dicas para colocar na mochila para uma viagem mais longa, para toda sua vida.

— Mas como assim? O livro está na minha mochila? É um roteiro?

— Vamos percorrer o tempo! Eu digo que nossa viagem será bem aproveitada se estivermos preparados para os acontecimentos. Muitos deles serão bem diferentes. Até mesmo situações estranhas, coisas perigosas e complicadas vão surgir no caminho. Mas, como está comigo, sua viagem será tranquila, chegará lá na frente sem se machucar, sem cair em algum buraco muito fundo, conseguindo enfrentar os problemas com sabedoria, tornando a viagem inesquecível.

— Sendo assim, vamos viajar juntos! Confio em você.

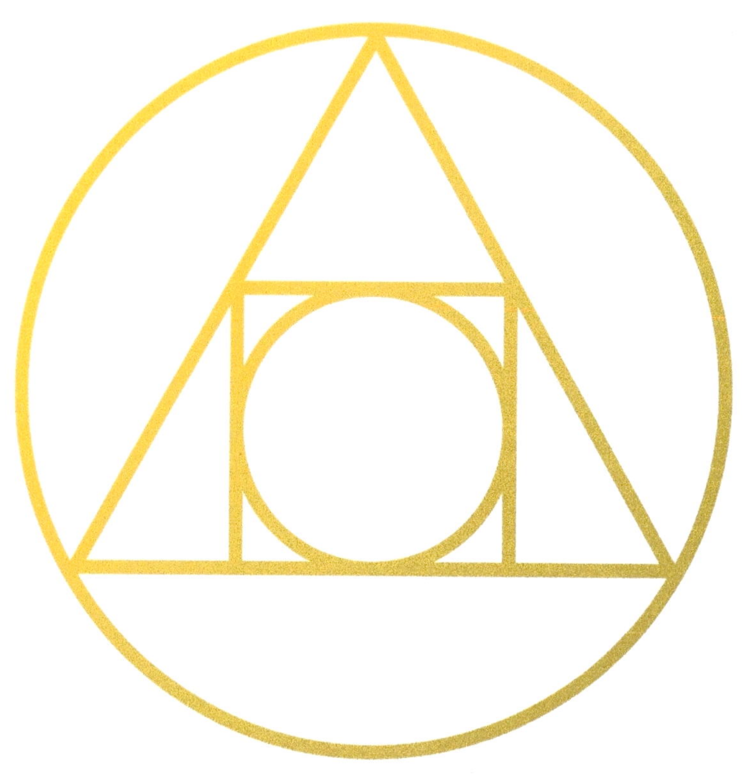

O CAIBALION

— Para entender esta história, precisa saber que o CAIBALION foi escrito por mim e que me consideram um sábio.

— Tudo bem. E o que é ser um sábio?

— Dizem que quando uma pessoa estuda muito e lê diversos livros (muitos mesmo), ela é sábia. Mas será que é isso mesmo? O que você acha?

— Eu acho que é preciso compreender muitos fatos. Vamos falar sobre isso?

— Sim. Quem leu um monte de livros e continua o mesmo indivíduo, porque não viveu nada daquilo, não pode ser considerado um sábio. Vou dar um exemplo do que é preciso para ser um sábio de verdade. Imagine um rapaz dando uma aula excelente sobre medo. Ele já leu tudo que é livro sobre o assunto e fala como ninguém do que é medo e como agir nessas horas. No entanto, quando aparece na sua frente um ratinho simpático, ele é o primeiro a subir na mesa. Morre de medo de ratos. Mas ele não leu diversos livros que falam de medo? Leu sim, só que continua sentindo medo. Os livros não o tornaram mais corajoso, não o ajudaram a ter menos medo dos ratinhos, muito menos a ter controle do medo. Será que, mesmo ele tendo lido tantos livros, ele é um sábio?

— Não sei bem, mas penso que não! Fale o que pensa. Eu estou interessado nesse papo diferente. Faz tempo que não escuto uma curiosidade desse tipo!

— Ou será que sábia é aquela pessoa que, quando aparece um perigo, pode até ter medo, mas consegue lidar com ele? Então, se o rapaz fosse sábio, ele controlaria seu medo, tentaria a melhor forma para espantar o rato. Como ele permaneceria calmo, as pessoas naturalmente, mesmo diante da situação tensa, ficariam confiantes na atitude dele. O que ele faria? Juntaria todas as informações que leu sobre o assunto, tudo o que estudou e criaria uma resposta inteligente para solucionar o problema,

mesmo que para compreender o medo precisasse de alguém para ajudar. Concorda?

— Por enquanto, sim. Vamos continuar... Estou cada vez mais curioso.

— Sábio, quando recebe um xingamento ou é maltratado, sabe responder sem perder a cabeça. Não grita, nem xinga, dá aquela resposta boa que deixa o ofensor sem palavras, sem graça por ter feito besteira. Tem complicações quando vive. Enfrenta muito rato e até coisa pior. Mas o sábio reage com tranquilidade diante de um evento ruim, procura sempre a melhor saída para as situações difíceis. Sabe aqueles joguinhos inteligentes que quando você aprende a jogar bem, porque pensou e encontrou a melhor estratégia, você sai vitorioso, ou, se perde, é por algum detalhe? O sábio faz assim também. Ele acha sempre uma maneira de desviar dos obstáculos ou enfrenta-os do modo mais inteligente possível. Assim, evita o conflito, põe fim com tranquilidade nas situações desagradáveis. É assim quando você joga e se sai bem, não é?

— Quando jogo, há dias em que, quando perco, eu crio confusão! Já ao ganhar a batalha, fico feliz. Voltando... Quer dizer que não há relação en-

tre ler muitos livros e ser sábio? Não adianta ler? A escola exige e vira uma obrigação. Não gosto disso. Mas há livros que me levam a viajar com os olhos abertos. É fundamental ler muitos livros? Eles me darão a sabedoria?

— Ler um monte de livros não quer dizer que você será capaz de agir de maneira sensata ou inteligente ao deparar-se com uma dificuldade. Você conhece alguém que leu vários livros e, em situações complicadas, age com tranquilidade? Tente lembrar-se de alguém! Essa pessoa, sem dúvida, busca usar o que aprendeu. Também deve conhecer uma pessoa que, mesmo sem ter lido um monte de livros, consegue se virar superbem em situações difíceis dando respostas legais e inteligentes. É porque a pessoa soube aprender com o pouco que leu. É essa a diferença entre conhecer as coisas e saber realmente das coisas.

— Conheço. Tenho um amigo no bairro, meu vizinho, que não frequenta a escola, mas tem umas tiradas inteligentes. Acho que deveria frequentá-la. Também tenho amigos que não gostam de ler. Acham um tédio! Brigam muito! Creem que é perda de tempo. Mas eu gosto de ler...

— Infelizmente, hoje está na moda gabar-se. Você já deve ter visto meninos e meninas dizendo: se mexer comigo, viro bicho. Devem achar que isso é bacana. Sei que não é! Virar bicho é um negócio muito fácil. O difícil é virar gente. Bicho rosna, grita e morde. E isso é fácil de fazer. O rato faz. Não dá vontade de dar essa explicação para eles? O que mais vemos é bicho por aí. Ser uma pessoa inteligente, com boas respostas, que resolve as coisas sem se descabelar, sem se ferir ou sem ferir alguém, pouca gente consegue. Aposto que você já viu o desenho daquele que é considerado um dos mais sábios da história mundial: Leonardo da Vinci. Ele era genial. Encontrava saída para todas as situações. E não era qualquer saída, era sempre a melhor de todas. Não perdia a calma, sempre gentil, mas, se precisasse ser duro com alguém, era firme, sem ser rude, sem gritar, xingar ou ser violento. Gastava

seu tempo livre criando coisas. Usava toda a sua inteligência e concentração para desenvolver projetos e criações que pudessem ajudar as pessoas. Ele dava seu melhor em tudo o que fazia. E essa é a grande dica dessa viagem. Devemos usar tudo o que aprendermos para sermos boas pessoas, que fazem boas ações, porque gente de verdade é do que o mundo mais precisa. Há muita gente virando bicho, deixando de ser gente.

— E por onde começar? Quero ser melhor.

— Você já parou para pensar na nossa alimentação? Funciona mais ou menos assim: quando comemos, o corpo elimina tudo de que não precisamos. Porém, o que é acertado para a saúde, o corpo aproveita. Com os livros também é assim. As pessoas leem diversos livros e só retêm o que aprendem de verdade. Se tivermos muitas informações e não soubermos utilizá-las, a mente esquece e elas se perdem.

— Às vezes, eu estudo e não me lembro da matéria na hora da prova. Não estudei certo? É isso? O que me diz?

— Precisa estudar com atenção e foco para apreender o conteúdo, Elias. Leonardo da Vinci,

que era um homem fora do comum, aproveitava sua mente ao máximo utilizando tudo o que aprendia (e logicamente seu talento) para desenhar, pintar seus famosos quadros, como A Última Ceia e Monalisa; fazer escultura; escrever poemas, músicas. Era criativo e inovador (suas invenções ajudavam a sociedade da época). Também era defensor dos animais e admirador da na-

tureza. Por isso, até hoje, é muito estimado e respeitado por seus trabalhos e atitudes. Concorda que ele é uma boa referência para aproveitarmos o que estudamos e desenvolvermos nossas habilidades e talentos?

— Vou ler sobre Leonardo Da Vinci. Fiquei entusiasmado. Parece ter sido um cara especial. Já ouvi algumas pessoas conversando sobre sua arte, sua inteligência.

— No Egito, eles diziam que quem sabia responder às coisas com inteligência e tranquilidade era um sábio. Saía de todas as situações de conflito que ele enfrentava com calma, sem estresse. Esse é o sábio! Ele é diferente, é fácil reconhecê-

-lo pelos caminhos da vida. No Egito, há muitos e muitos anos, existia um bocado de gente assim como o Da Vinci.

— E como posso conhecer? Quero fazer essa viagem vencendo os medos e com verdade.

— Pois então, imagine e faça de conta, agora, que está no Egito. Conhece o Egito? Alguns já estudaram esse conteúdo na escola. Para os que não conhecem, o Egito fica no continente africano, é um país que teve muitos sábios. Lá, havia diversas pessoas que se preocupavam com as demais porque queriam que elas não só tivessem um monte de coisas, mas também que soubessem usá-las na existência. Eu sou uma delas. Vivi há mais ou menos dois mil anos antes de Cristo. Nessa viagem, estou com você. Tenho um objetivo primordial: explicar o CAIBALION, pois eu escrevi esse livro reunindo as minhas experiências da observação da natureza e dos conselhos dos egípcios. Preparei um diário para nos orientar na nossa viagem e fazer com que a gente tenha a melhor experiência de todas. Vamos lá! Vamos expandir nossa imaginação. Você fará a grande viagem! Primeiro esclareço a você, meu companheiro de viagem, que meu nome é cheio de significados.

— E o que significa? Eu até sei o que é o meu nome: é de um profeta. Quem me falou foi meu pai!

— "Hermes" quer dizer "fechado", e "Trismegisto" significa "três vezes grande". Eu era considerado a pessoa mais sábia da época, digo isso com humildade. De observar e refletir, aprendi a ter respostas para tudo o que acontecia e percebi a beleza do que é viver. Só pensava em fazer coisas boas. Queria que as pessoas estivessem sempre alegres, acreditava que certas leis serviam para tudo: problemas grandes ou pequenos, situações de conflito aqui ou em qualquer lugar do mundo. Para compreender e guiar a vida, escrevi o CAIBALION, e nele estão escritas as sete leis que explicam o funcionamento do Universo. Essas leis regem nosso comportamento.

— Hum! Muito bem! E quais são essas leis e em que podem me ajudar?

— Falemos, então, sobre as sete leis que serão fundamentais para a viagem da sua vida ser leve e feliz. Elas o ajudarão em diversas situações, até naquelas em que você não imagina. Vão auxiliá-lo no relacionamento com os amigos, na escola, em casa, em praticamente todos os momentos do seu dia. Tenho certeza de que você vai se encantar com o poder desse aprendizado e com os novos caminhos que vão se abrir.

— E vou fazer sozinho essa viagem? Gosto de companhia para fazer qualquer viagem. Torna-se mais rara! Você vem comigo, não é, Hermes?

— Nessa, agora, eu vou com você, Elias. Mas depois, irá sozinho. Fique tranquilo, pois na sua mochila você encontrará o CAIBALION com os ensinamentos que vou te passar. Agora é o seguinte: tem que guardar as leis aprendidas com muito carinho na sua mochila, a que você carregará durante toda a vida. Não pode se desgrudar dela, porque a aventura é longa. E se aplicar as sete leis, ela será fantástica. Preparado para ser uma pessoa leve, feliz e ainda ajudar os outros a serem felizes? Quer fazer diferença no mundo? Então, chegou a hora: a aventura vai começar.

— Vamos lá! Estou com vontade de fazer a viagem com você, Hermes; afinal, é um sábio! Quero aprender sobre as leis. Qual é a primeira lei mesmo?

1.
Mentalismo

— O primeiro ensinamento está na **LEI DO MENTALISMO**.

— O que devo saber?

— Lembre-se de que tudo começa na nossa mente. Se vamos fazer qualquer coisa, a gente pensa e depois faz. Por exemplo, quando você vai desenhar, jogar *videogame*, ver televisão, jogar futebol, falar ao celular, dançar, você não faz isso sem antes pensar. Até o que é errado você pensa antes de fazer. Você costuma pensar antes de fazer alguma ação?

— Pensar antes de fazer? Sim, mas às vezes ajo sem pensar!

— Então, as pessoas pensam antes de fazer coisas ruins. Poderiam não fazer, se pensassem melhor e tomassem a decisão de fazer o bem. O resultado seria diferente. É preciso, assim, que tenhamos atenção com os nossos pensamentos. Se a gente sempre refletisse sobre o que é correto fazer, evitaríamos trazer sofrimento para as pessoas e não haveria tantas coisas ruins por aí. O mal, assim como o bem, nasce na cabeça de alguém antes de ser feito. Mas ele pode ser evitado. A minha lógica é a seguinte: preste atenção no que você pensa para evitar errar sem necessidade, já há gente demais fazendo bobagem no mundo. Você sabe qual a sua missão na Terra?

— Sei não... E agora, Hermes, você pode me ajudar?

— Difícil saber, né? Mas uma coisa é certa: se fizermos coisas boas e tentarmos ajudar uns aos outros, estamos em um reto caminho. É que, de pouco em pouco, a gente contribui para que o mundo melhore. Devemos mandar ir embora pensamentos ruins. Pensamentos bons são os que precisamos para viver bem junto dos amigos, da família e de todos com quem nos relacionamos. A ideia é fazer do mundo um lugar especial para viver. Se essa é toda nossa missão na Terra, não sabemos, mas, com certeza, é parte essencial dela. Então, vale a pena levar essa primeira lei para a vida toda.

2.
Correspondência

— **CORRESPONDÊNCIA** é a segunda lei para colocarmos na nossa mochila da vida. Ressalto que a mesma lei serve para ser aplicada em coisas grandes e pequenas, em situações diversas. Digo que é uma lei que pode servir para entender tanto os planetas no espaço quanto os grãozinhos de areia. Darei um exemplo.

— Explique, Hermes, talvez eu consiga compreender.

— Preste atenção: ao sair de casa, você olha para o jardim e vê um monte de plantas diferentes juntas, igualzinho lá na Amazônia (no norte do Brasil), onde há o maior número de plantas diferentes no mundo. Sabe como isso se chama? Biodiversidade. E essas plantas convivem tão bem que a gente nem percebe todas as diferenças. Formam um lindo jardim, uma linda floresta.

— É verdade. A natureza tem muita beleza.

— Após atravessar o jardim, você vai para o curso com um monte de colegas diferentes. Ao in-

vés de reclamar de alguns colegas, se você tentasse imitar as plantas e aceitar conviver com eles, cada um com suas diferenças, a vida não seria mais bacana? Aceitar seus pais, irmãos, professores, enfim, todos com quem convive, exatamente como eles são, não faria a convivência mais leve? Seria o ideal, não acha?

— Concordo. Aceitar os outros como eles são é difícil, mas, como você disse, é possível, Hermes.

— Na natureza, já vimos que dá certo. Se a Amazônia tivesse apenas um tipo de planta, não seria uma floresta tão bela. Do mesmo modo, se todas as pessoas fossem iguais a você, seria muito sem graça. Aprendemos muito com as diferenças.

— Certeza. Eu sou muito diferente do meu irmão, nós discutimos, mas aprendo demais com ele. É o mais velho.

— Outra coisa que destaco é como devemos enfrentar situações que nos deixam desanimados, tristes. Compara novamente a nossa vida com a natureza. O exemplo é o seguinte: o inverno deixa a natureza chateada, pois as folhas caem e as árvores ficam sem vida. No entanto, quando a primavera chega, a natureza renasce com folhas

e flores novas. Tudo fica alegre e colorido novamente.

— Então, somos como a natureza?

— É adequado compreender. Por exemplo, as flores não reclamam do inverno porque sabem que virá a primavera e florescerão mais uma vez. E assim deve ser na vida. Não devemos nos prender a uma situação ou a alguém que nos chateou. Ficar triste, cabisbaixo, encolhido num canto não ajuda em nada. Se a natureza se refaz, a gente também pode.

— Tem dias que nada dá certo. É isso?

— Caiu, levantou! E levante com energia, confiante de que o tombo que levou serviu para ensinar a crescer. Aprenda com a natureza a superar as dificuldades com leveza. Busque tirar lição

das quedas, das experiências desagradáveis. Essa atitude vai fortalecê-lo. E mais: você enfrentará com mais facilidade os próximos problemas que surgirem.

— Isso é legal. Tenho momentos em que preciso de ajuda. Outros eu resolvo. Vou tentar me lembrar da sua dica.

— Aprenda que sempre haverá uma primavera vindo em sua vida e que, se usar a **LEI DA CORRESPONDÊNCIA**, conseguirá encontrar as melhores soluções. E, ao longo da caminhada da vida, fique de olhos bem abertos para não deixar passar dicas preciosas que vão ajudá-lo a tomar decisões sábias. O sábio sempre tira uma lição de situações boas e ruins. Se algo acontece, ele analisa, verifica as opções e encontra uma saída inteligente.

— Então é assim que você age. Penso que compreendi o que é ser sábio.

3.
Vibração

— A terceira lei é a da **VIBRAÇÃO.** É outra boa dica. Você já percebeu que algumas pessoas, ao ouvirem uma música específica, vibram e ficam muito alegres? Aí, quando você ouve a música, presta atenção na letra — que, além de ter palavrão, não diz nada com nada —, não entende a empolgação daquelas pessoas. É muito provável que essas pessoas reproduzam as palavras usadas na música no seu dia a dia, tornando-se indivíduos deselegantes e até grosseiros. Já quem vibra com aquela música que apresenta uma letra bonita, quando for utilizar o que aprendeu com o que ouviu, certamente, surpreenderá.

— Verdade! Gosto de ouvir músicas. Há umas letras que são tolas e outras com as quais eu vibro mesmo. Presto até atenção.

— O que estou tentando dizer é que, quando nós vibramos com qualquer coisa, essa vibração nos molda, como fazemos com uma massa de modelar. Então, é admirável vibrarmos com coisas

legais e divertidas e levarmos essa vibração para a nossa vida. Já das vibrações ruins, devemos nos manter longe. Assim, não reproduziremos aquilo que pode tornar nossas atitudes desagradáveis. Leonardo Da Vinci, aos sete anos, já vibrava ao olhar as plantas e observar os animais. Queria entender a natureza. Ficava feliz com essa vibração. O meu conselho é simples: cuidado com o que faz você vibrar. Observe e escolha suas vibrações.

— Certo. Vou prestar mais atenção.

4.
Polaridade

— **POLARIDADE** é a quarta lei que formei. Preste bem atenção neste exemplo: você quer tomar chocolate quente e esquenta a bebida. Já num outro momento, quer tomar chocolate frio e espera esfriar. Sim, você pode tomar a mesma bebida fria ou quente. Do mesmo modo, você pode construir uma torre alta ou baixa e fazer uma almofada mais macia ou mais durinha, dependendo do material que usar. Percebeu como as coisas podem mudar de um polo para outro? Por isso, chama-se **LEI DA POLARIDADE**.

— Polaridade! Às vezes, tenho preguiça de fazer os deveres, e noutras, vibro com a atividade. Depende. Mas quero saber o caminho.

— Se você é preguiçoso e quer virar alguém ativo, basta querer. Se você quer jogar futebol, mas nunca foi a uma aula, comece a ir que vai aprender. Você não gosta de um colega porque ele está sempre sério e quase não fala. Será que ele não é tímido? Aí você puxa uma conversa, o menino

responde, vocês percebem que têm muito em comum e tornam-se amigos. O que aconteceu? Você passou a gostar de alguém de quem não gostava.

— Certamente! Tenho um companheiro de escola e jogos e foi assim mesmo que nos conhecemos. Hoje é o meu melhor amigo!

— Assim como nesses exemplos, você pode mudar todas as coisas ruins da sua vida se puxar para o outro polo. Pode sair do ódio para o amor, da inimizade para a amizade, da tristeza para alegria. Tudo pode ser mudado. A mudança só depende da gente. Eu sempre dizia que nada no mundo pode impedir uma pessoa de chegar ao outro polo. Só precisa ser perseverante, determinado e ter garra.

— Gostei. Quer dizer que posso mudar a vida e ir adiante.

— Sua mochila ainda tem espaço?

— Tem, Hermes.

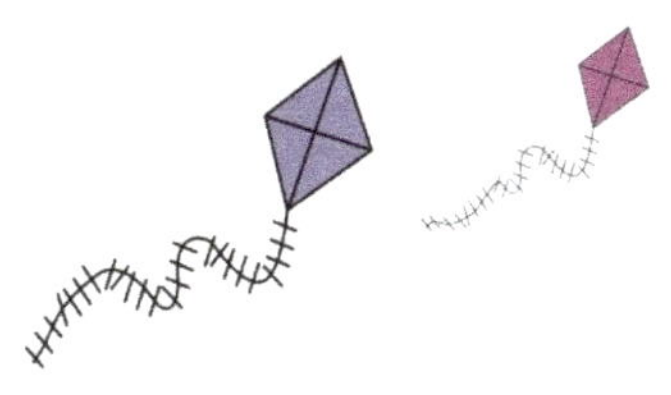

5.
Ritmo

— É que a quinta lei, a do **RITMO**, não pode faltar. Bote a imaginação para funcionar e pense num pêndulo que vai para lá e para cá, para lá e para cá. Para que balance mais rápido, a gente dá um empurrão e ele vai para bem longe de um lado e depois para bem longe do outro lado. Isso ocorre na vida também. Sua escola marca uma prova para daqui a 20 dias, e você só estuda na véspera de ela acontecer. Vira a noite estudando, mal dorme alguns minutos, mal come, porque há muita matéria para estudar. O que aconteceu? Você foi para o extremo. Poderia ser diferente e mais tranquilo? Sim, se você tivesse estudado todos os dias um pouquinho, o pêndulo de que acabamos de falar não iria aos extremos. Ele ficaria no meio, balançando no mesmo ritmo.

— Eita! Boa dica! Vou tentar fazer.

— O mesmo acontece quando você convida os amigos para jogar e vai dormir com o quarto todo bagunçado. No dia seguinte, tem que arrumá-lo sozinho e gasta um tempo enorme. Não seria melhor ter organizado o quarto com os amigos antes de eles irem embora? Assim, você não precisaria ficar horas sozinho desfazendo a bagunça do dia anterior. O pêndulo estaria no meio, equilibrado.

— Demais! Bagunço mesmo. E o trabalho é arrumar depois.

— O negócio é não empurrar demais o pêndulo para um lado. Se fizer isso, quando ele voltar, vai para o outro extremo, e você não vai querer isso. Manter as coisas mais equilibradas é a melhor opção. Você já pensou sobre isso? Se não, comece a buscar o equilíbrio e veja como vai ter tempo de sobra e menos estresse.

— Fico estressado quando há prova, jogo do campeonato da escola. Vou tentar fazer o melhor.

— Ainda há mais uma dica com base nesta lei, que se chama **NEUTRALIZAÇÃO**. Preste atenção! Imagine que dois de seus colegas estão brigando porque um quer chamar mais atenção que o outro, quer ser o mais popular, quer ser o líder. Como é que você vai fazer para esses dois colegas pararem de brigar? Pode parecer boba esta história, mas sabia que muitas das brigas no mundo

são desse jeito, por causa de besteira? Isso acontece entre amigos, familiares, governantes, comunidades, países.

— Existem brigas bobas mesmo! Poderiam ser evitadas. E como devo agir, Hermes?

— No caso dos seus amigos, você tem duas opções: mostrar para os dois que não vale a pena brigar e perder a amizade, ou entrar na briga com eles. A primeira opção, sem dúvida alguma, é a melhor: ou seja, neutralizar a ocorrência. Hermes diria aos seus amigos: essa briga é sem sentido, em vez de vocês perderem tempo com coisas desnecessárias, aproveitem as coisas boas da vida.

— Legal! Muito bem!

— Por isso, você não deve prender-se a besteiras, mas sim desejar coisas bacanas para ajudar quem vive ao seu redor e a humanidade. Você é esperto, certamente vai mostrar a eles que aquele desentendimento é sem importância, vai neutralizar. Gostou desta dica da **LEI DO RITMO**? Com certeza, você verá muitas brigas e terá oportunidade de colocar esse aprendizado em prática.

6.
Causa e Efeito

— Já a sexta lei é a da **CAUSA E EFEITO**. Já se perguntou alguma vez por que algo aconteceu com você? A resposta é simples: porque você fez alguma coisa para provocar esse acontecimento.

— Quer dizer que tudo que eu fizer tem volta? Explique-me, Hermes.

— Se você planta um pé de feijão, nasce um pé de feijão. Se quiser morangos, plante morangos. O mesmo acontece na sua vida. Se você trata seus amigos bem, eles estarão sempre ao seu lado. Agora, se você trata um colega com desprezo, não o deixa fazer parte do seu grupo na escola, por exemplo, você está plantando algo ruim. Ele pode tornar-se uma pessoa triste, talvez violenta, e você terá certa parcela de responsabilidade nisso. Então, é certo sempre estar atento às atitudes para plantarmos o bem e termos uma colheita feliz.

— Gostei muito dessa lei! Saber que podemos ter uma vida boa se fizermos o bem, se formos justos! É isso?

— Então, assim funciona: tudo o que fazemos tem causa e efeito. Logo, se você não gosta do que está nascendo na sua vida, plante diferente. O que plantamos hoje, colhemos amanhã. Reclamar que coisas ruins estão acontecendo com você não leva a nada. É preciso descobrir qual semente você plantou errado, para corrigir e nascer o que for o melhor.

7.
Gênero

— A última dica, também muito relevante, é a **LEI DO GÊNERO**. Este conceito de gênero, aqui neste livro, não quer dizer sexo masculino e feminino, mas sim a união de duas ou mais coisas diferentes para produzir o novo. Então, quando pessoas unem-se e fazem alguma coisa diferente, na minha conceituação, é gênero. Por exemplo, você gera uma ideia e segue pensando nela vários dias. Daí a pouco, você vai lá e constrói um objeto, faz uma invenção, um desenho bem bonito, escreve um texto agradável, seja o que for, de acordo com seu interesse. A lei mostra para você que, combinando coisas, nascem ideias, nascem criações, produtos de trabalho, e mostra até que nós, os humanos, somos o resultado da combinação de um homem e uma mulher, que são pessoas diferentes.

— Estou começando a entender. Bem legal!

— Por exemplo, ao misturar água quente com fria durante o banho, a água fica morna. Da mesma forma, quando duas pessoas diferentes se

juntam, o resultado pode ser bacana: em um grupo musical, em um time de futebol, em uma apresentação de dança, na produção de um livro original, na criação de um instrumento tecnológico de grande utilidade para as pessoas, tal como o celular, o carro... É claro que a combinação pode ser ruim também. Duas ou mais pessoas podem unir-se para enganar os outros, roubar, fazer coisas erradas que geram prejuízos a eles e aos outros. Existe, então, o lado bom e o ruim. O importante é saber que, quando duas ou mais coisas diferentes se juntam e geram algum evento novo e de preferência bom, temos a **LEI DO GÊNERO**.

— É certo saber, ficar mais atento. Nem pensava nisso!

— Então, se juntarmos uma pessoa boa com uma má, podemos ter dois resultados: ou a boa convence a outra a ser bacana, ou a pessoa má convence aquela que é boa a fazer coisas ruins. Por isso, é necessário ter consciência da importância do bem, para que ninguém o convença do contrário. Quem valoriza o bem não se deixa levar pelo mal, não se influencia pelas coisas erradas. E ainda: ninguém nunca vai puxá-lo para baixo. Você é que vai puxar as pessoas para cima, com pequenas e grandes atitudes.

— Tenho um colega na escola que é assim. Só faz o bem aos outros. Mas muitos não o entendem. Até caçoam dele, às vezes.

— Gostaria de alertar você para o que pode acontecer: uma pessoa jogar uma ideia na sua cabeça e você ficar trabalhando aquela ideia achando que é sua. Um dia, age de um jeito que não tem a ver com você, porque não percebeu que aquela ideia não era sua.

— E de que formas isso pode acontecer?

— Não apenas as pessoas podem nos influenciar, mas propagandas, filmes etc. Então, fique atento para não ser manipulado! Sempre observe se as ideias que tem são realmente suas, se foi você que as construiu. Posso arriscar a dizer, e acho que concorda comigo, que há muitas pessoas, adultos inclusive, que fazem coisas por causa de ideias que não são delas: vivem sofrendo, tomando decisões erradas, arrependendo-se do que disseram (que nem era o que pensavam), enfim, cometendo erro atrás de erro. Com certeza, elas não receberam uma mochila recheada

de informações como a sua, para ter a melhor vida possível. Já você, que tem as anotações das sete leis, fará uma viagem linda e inesquecível. O roteiro vai sendo construído ao longo dos anos, mas as dicas mais preciosas do mundo já estão com você.

— Que ótimo saber. Vai dar trabalho, mas parece que vale a pena.

— Eu explico ainda que, se você decidir viver boas ideias de pessoas bem-intencionadas, por concordar com o que elas pensam, não há problema algum. Foi você, com todas as informações que possui, que achou válido conhecê-las e repeti-las. Quem conhece Leonardo Da Vinci, provavelmente, vai inspirar-se em sua obra. Além de ser uma boa pessoa, era criativo e muito dedicado ao que fazia. Teve grandes ideias. Aproveitar isso é um grande aprendizado.

— Vou estar atento, Hermes!

— Outra coisa que recomendo é aprender de verdade, não apenas para fazer prova. Quem compreende bem o que estuda, utilizará os ensinamentos em vários momentos da vida, sempre que for preciso. Fará igual aos sábios. E agora

pergunto: você gostou da aventura? Vai usar sua mochila? As sete leis vão ajudá-lo a abrir muitas portas na vida e a fazer de você uma pessoa especial: esperta, inteligente, comprometida em fazer sua parte para melhorar o mundo.

— Vou me esforçar, Hermes. Sou teimoso e curioso.

— Enfim, era isso que eu queria compartilhar com você, o que escrevi no CAIBALION. Existe uma escola, chamada Nova Acrópole, que ensina Filosofia para pessoas da sua idade e até para mais novos. A Filosofia é para aprender a viver, e não para fazer prova. Assim, com as orientações dos sábios filósofos, podemos melhorar relacionamentos e o nosso olhar em relação à vida.

— Nova Acrópole? Filosofia? Puxa vida, deve ser bem diferente!

— Preciso lhe revelar um segredo: sua viagem começou no dia em que você nasceu, mas, a partir de agora, conhecendo as leis da natureza e dialogando sobre elas, sua vida vai mudar um pouco de direção e você verá tudo de forma mais clara e profunda. Só olhe para frente e vá. Como cantou o poeta: “Um menino caminha, e caminhando

chega no muro, e ali logo em frente a esperar pela gente o futuro está...".

— Sinto meu coração pulsar mais forte com suas palavras. Para onde eu for, carregarei a mochila, levarei suas palavras, o conhecimento das leis da natureza...

FIM

Sobre as ilustrações:

As ilustrações desta obra foram baseadas em desenhos realizados por crianças do IPEARTE – Instituto Paraense de Educação e Arte.

Arte e Cultura por um Futuro Melhor

O IPEARTE tem como missão despertar, por intermédio da arte, a sensibilidade e a percepção do belo, desenvolvendo a criatividade em todas as suas dimensões, por meio de música, teatro, dança, pintura, poesia e artesanato.

Com atividades na área da educação, da cultura e da arte, o instituto atende crianças de 7 a 14 anos que estejam cursando escola regular e sejam moradoras do bairro Novo Horizonte, em Marituba (PA).

O IPEARTE tem parceria com a organização Nova Acrópole do Brasil, da qual a autora deste livro, Lúcia Helena Galvão, é professora de filosofia há mais de 30 anos.

Mais sobre o IPEARTE pode ser visto no site:

www.ipearte.com.br.

Sobre a Nova Acrópole do Brasil:

www.acropole.org.br.

Abaixo, os desenhos originais das crianças do IPEARTE, com os devidos créditos. A elas, nossos agradecimentos.

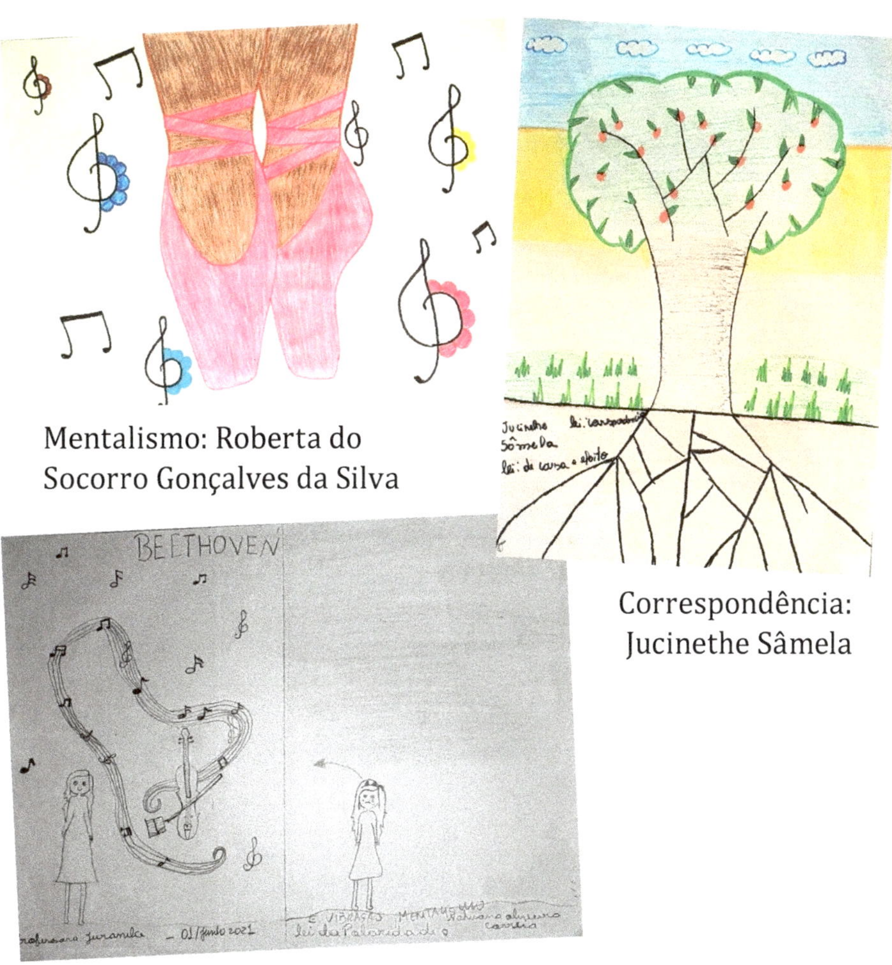

Mentalismo: Roberta do Socorro Gonçalves da Silva

Correspondência: Jucinethe Sâmela

Vibração: Nahuana Oliveira Correia

Polaridade: Samuel Corrêa Oliveira

Ritmo: Sâmela Trindade

Causa e efeito: Samilly Trindade

Leonardo da Vinci: Samilly Trindade

Monalisa: Daniel de Seixas da Cruz

Gênero: Samilly Trindade

www.ingramcontent.com/pod-product-compliance
Ingram Content Group UK Ltd.
Pitfield, Milton Keynes, MK11 3LW, UK
UKHW062313290726
14090UKWH00018B/1053